СОВЕРШЕНСТВУЙТЕ СВОЙ БИЗНЕС С ПОМОЩЬЮ КАЙДЗЕН

Маленькие изменения, большие результаты

СОВЕРШЕНСТВУЙТЕ СВОЙ БИЗНЕС С ПОМОЩЬЮ КАЙДЗЕН

Маленькие изменения, большие результаты

написанный Antoine Delers
в переводе Nastia Abramov

50MINUTES.com

СОВЕРШЕНСТВУЙТЕ СВОЙ БИЗНЕС С ПОМОЩЬЮ КАЙДЗЕН

КЛЮЧЕВАЯ ИНФОРМАЦИЯ

- **Имена:** Кайдзен, непрерывное улучшение, постепенное улучшение.

- **Применение:** Этот подход в основном используется в бизнесе и направлен на улучшение качества продукции на производственной линии путем внесения небольших изменений в метод работы. Его также можно перенести в повседневную жизнь, поскольку он допускает небольшие и недорогие улучшения.

- **Почему он успешен?** Кайдзен, в котором могут участвовать все службы и все сотрудники компании, доказал свою эффективность, поскольку позволяет повысить производительность и качество продукции за счет сокращения времени ожидания и оптимизации производственного процесса. В более широком масштабе он улучшает условия труда в компании.

- **Ключевые слова:**

  - <u>Непрерывное совершенствование</u>: Эта концепция становится возможной благодаря использованию инструментов и методов, которые становятся все более эффективными и лучше подходят для деятельности компании. Эти инструменты и методы постоянно пересматриваются и оптимизируются, что приводит к небольшим изменениям и новым лучшим практикам.

- ○ <u>Бережливое управление</u>: Японский метод управления работой, который направлен на сокращение отходов (*muda*), перегруженности работой, вызванной неадекватными процессами (*muri*) и несогласованностью (*mura*) в компании.

- ○ <u>Производственная система Toyota</u>: Японский метод общей организации труда, целью которого является максимальное повышение качества, сокращение дефектов и отходов, а также инициирование постоянного улучшения бизнеса. Этот тип организации труда включает в себя бережливое производство и кайдзен.

ВВЕДЕНИЕ

Впервые кайдзен появился в Японии в 1950-х годах, когда инженер Тайити Оно (1912-1990) создал производственную систему Toyota — тип организации труда, основанный на снижении затрат наряду с повышением производительности и качества продукции. Производственная система Toyota включает в себя ряд инструментов для достижения ранее установленных целей в области качества, прибыльности и снижения затрат. К ним относятся производство "точно в срок" и кайдзен.

ОПРЕДЕЛЕНИЕ МОДЕЛИ

Кайдзен – это подход, предполагающий постоянное совершенствование, который может быть применен к производственной линии. От японских слов *Kai*, что означает "изменение", и *Zen*, что означает "хорошо" или "лучше", Kaizen основан на постоянной адаптации существующих инструментов и процедур для улучшения конечного результата. Этот подход, требующий участия всех сотрудников и менеджеров, рассматривается скорее как состояние души, чем как реальный метод. Он включает в себя несколько других инструментов, которые могут использоваться вместе, например, PDCA, Total Quality Management и Single-Minute Exchange or Die.

Кайдзен зародился в Азии и представляет собой разрыв с западной системой в том смысле, что он направлен на небольшие улучшения, а не на крупные инновации. Изменения незначительны и непрерывны, поэтому не требуют значительных инвестиций. Этот подход в основном применяется в организациях, где существует культура сопричастности, что типично для японских компаний. В таких компаниях все, начиная от генерального директора и заканчивая рядовыми работниками, разделяют лояльность и чувство принадлежности к своей компании. Следовательно, они стремятся выполнять свою работу как можно лучше, а значит, постоянно совершенствовать ее; такая концепция работы способствовала огромному успеху компании Toyota.

ТЕОРИЯ

ИСТОКИ

В конце Второй мировой войны (1939-1945 гг.) Япония была опустошена, а ее экономика лежала в руинах. Ее система, которая ранее основывалась на завоевании территорий и мощи армии, потеряла свою актуальность. Япония решила использовать производство для возрождения своей экономики.

Тогдашний инженер Тайити Оно предложил новый метод организации труда и изложил его основные принципы. Этот метод стал известен как производственная система Toyota, по названию компании, где он был впервые внедрен. Считается, что эта система является усовершенствованием тейлоризма и фордизма – двух американских методов организации труда, которые выступают за усовершенствование, а не за инновации.

Оригинальность кайдзен заключается в общем вовлечении всей компании, начиная от сотрудников и заканчивая процедурами, необходимыми для производства продукции. Каждый член должен участвовать в реализации элементов, направленных на улучшение компании, которые были определены заранее. Кайдзен часто предполагает расширение прав и возможностей небольших групп работников, которые собираются вместе, чтобы выявить повторяющиеся проблемы и найти пути их решения. Он также предполагает создание "ящиков для предложений" (например, почтовый ящик, установленный на заводе), чтобы работники могли высказать свое мнение, выделить различные существующие проблемы и предложить решения. Если идея будет признана актуальной, она станет предметом проекта, который будет поручен команде, отвечающей за внедрение новых методов работы.

Наконец, следует помнить, что, как следует из перевода, кайдзен должен постоянно повторяться, чтобы хорошо функционировать. Он не требует больших инвестиций и производит лишь небольшие улучшения, которые, будучи оптимизированными в течение многих лет, позволяют компании оставаться конкурентоспособной и стремиться к постоянному совершенствованию.

 # Институт Кайдзен

Институт Кайдзен – это консалтинговая фирма, основанная в середине 1980-х годов. Она помогает и направляет компании, желающие повысить эффективность своей работы. Таким образом, она поддерживает клиентов в их проектах непрерывного совершенствования, одновременно разрабатывая и публикуя ресурсы о новых аспектах метода.

ПРИМЕНЕНИЕ В БИЗНЕСЕ

Как только кайдзен применяется в рабочих группах, он становится настоящим командным проектом: вводятся ящики для предложений и еженедельные совещания, а также предлагается поощрять сотрудников, предлагающих лучшие идеи. Однако следует помнить, что кайдзен не является самостоятельным методом, так как для его работы необходимо сочетать его с другими инструментами.

Кайдзен используется в:

- **Управление качеством.** Его цель — сосредоточиться на повышении качества на производственной линии, что необходимо для опережения конкурентов и формирования лояльности клиентов. В тотальном управлении качеством (TQM), используемом в рамках подхода Кайдзен, все сотрудники задействованы для достижения близкого к идеальному качества, известного как ноль дефектов. Он направлен на постоянное улучшение результатов, даже если первоначальный инструмент уже эффективен.

👁 ЧТО ТАКОЕ МЕТОД НУЛЕВЫХ ДЕФЕКТОВ?

Метод нулевых дефектов выступает за полное качество продукции при полном отсутствии дефектов. В действительности, нулевые дефекты никогда не могут быть полностью достигнуты. На самом деле цель заключается в развитии культуры, в которой сотрудники постоянно ищут способ приблизиться к совершенству. Эта концепция является частью более широкой концепции: "5 нулей", а именно: ноль времени, ноль бумаги, ноль запасов, ноль дефектов и ноль неудач.

- **Повышение производительности.** Кайдзен может применяться и на уровне повышения производительности. Производственная цепочка может включать в себя заторы в различных местах, непродуктивные позиции или слишком медленные производственные линии. В таких случаях можно использовать несколько инструментов. SMED (Single-Minute Exchange of Die), заимствованный из производственной системы Toyota, является одним из них: он направлен на сокращение времени, затрачиваемого на смену калибровки и инструментов для производства другого продукта. Это приводит к применению подхода кайдзен, поскольку повышение производительности предполагает совместное глубокое размышление в командах, чтобы проанализировать и рационализировать операции такого типа. Можно использовать и другой инструмент, называемый производством точно в срок (JIT). При использовании этого метода каждый незавершенный продукт должен быть завершен, а каждая деталь должна поступать в нужное время и в нужную точку производственной линии. Это предотвращает остановку производства в случае отсутствия деталей и позволяет не оставлять большое количество деталей в ожидании изготовления.

- **Улучшение условий труда.** Кайдзен позволяет улучшить условия труда рабочих и служащих, в частности, путем оптимизации их профессиональной среды. Он тесно связан с предыдущими приложениями, поскольку изменения на рабочих местах часто влияют — и улучшают — производительность и качество. Кроме того, этот подход позволяет компаниям лучше мотивировать свои команды и снизить риск несчастных случаев. Метод 5 S решает эту проблему, поскольку его можно применять непосредственно на рабочих местах сотрудников: *Seiri* ("сортировать"), *Seiton* ("наводить порядок"), *Seisou* ("сиять"), *Seiketsu* ("стандартизировать") и *Shitsuke* ("поддерживать").

- **Снижение затрат.** Последнее применение Кайдзен касается снижения производственных затрат. Оно является результатом улучшений, достигнутых благодаря одному из трех вышеупомянутых применений метода.

ПРЕИМУЩЕСТВА

Кайдзен имеет множество преимуществ. Помимо ранее упомянутых, составляющих суть подхода Кайдзен, а именно улучшения качества, производительности и условий труда, у метода есть и другие сильные стороны.

- Использование кайдзен позволяет плавно внедрять изменения в коллективах. Члены компании не испытывают чрезмерного давления в связи с изменениями, поскольку инициатива этих изменений в основном исходит от самих работников. Поэтому они легче принимаются, и сотрудники, чувствуя свою значимость, более мотивированы к их реализации на практике.

- Улучшение рабочих мест повышает мотивацию команд, участвующих в работе. Этот новый прилив энтузиазма может быть передан благодаря новому сеансу рефлексии улучшений Kaizen. Кайдзен предполагает "непрерывное" улучшение, что требует ежедневного проведения рефлексии для совершенствования процессов и продуктов.

- Кайдзен обеспечивает быстрые результаты. Команды, которые непосредственно тестируют небольшие улучшения, быстрее проверяют их актуальность, поэтому риск, связанный с внедрением новой машины или нового программного обеспечения, очень низок.

- Наконец, кайдзен может реагировать на конкуренцию и, следовательно, на требование конкурентоспособности в компаниях, и все это без использования значительных ресурсов или огромных инвестиций.

> *"Совершенствоваться — значит меняться; быть совершенным — значит часто меняться". (Уинстон Черчилль)*

ПРАКТИЧЕСКОЕ ПРИМЕНЕНИЕ

Различные этапы этого процесса, известные под общим названием "проект Кайдзен", становятся возможными благодаря использованию инструментов, связанных с Кайдзен и заимствованных из Производственной системы Тойоты (TPS). Хотя большинство из них уже упоминались, другие будут способствовать созданию проекта, описанного ниже.

Проект Кайдзен – это единичный и очень короткий цикл усовершенствования, который после завершения должен непрерывно повторяться. Продолжительность может варьироваться от нескольких дней до месяца работы, в зависимости от сложности желаемых улучшений и внедрений. По этой причине каждый проект должен быстро следовать за другим, и возможно одновременное проведение нескольких проектов.

ЭТАП 1: ПРЕДВАРИТЕЛЬНЫЙ АНАЛИЗ

На этом первом этапе проводится предварительный анализ ситуации с целью выявления точек для улучшения. Конечно, это может быть одна из проблем, описанных выше, но не ограничивается ими; кайдзен фокусируется на оптимизации процедур, даже если они, казалось бы, функционируют хорошо, чтобы сделать их еще более эффективными. Для выявления причин, мешающих членам команды достичь нулевого качества дефектов, может быть целесообразно использовать диаграмму Исикавы, как показано ниже:

 Диаграмма Исикавы

Диаграмма Исикавы, также называемая причинно-следственной диаграммой, диаграммой "5 М" или диаграммой "рыбья кость", – это инструмент управления качеством, введенный Каору Исикавой вскоре после Второй мировой войны. Она обеспечивает визуальное представление основных причин проблемы по пяти ветвям: материал, метод, мать-природа, машина и трудовые ресурсы.

После выявления причин и областей, требующих улучшения, необходимо завершить детальное исследование текущей ситуации (с использованием мер, справочных цифр и т.д.), чтобы сравнить ее с результатами, полученными после изменений. Проверка успешности внесенных в процедуры улучшений, даже если иногда выигрыш может быть минимальным, чрезвычайно важна. В зависимости от преследуемой цели можно измерить следующее:

- **Продолжительность процедуры.** В данном случае может изучаться время, затраченное на производство продукта или доставку продукта или услуги (например, обед в ресторане).

- **Количество произведенной продукции.** Основное внимание здесь уделяется количеству произведенной продукции. Этот показатель рассчитывается за четко определенные временные интервалы.

- **Показатели удовлетворенности. Независимо от** того, касается ли это сотрудников в их работе, клиентов в отношении их заказов или любой другой заинтересованной стороны в процессе, удовлетворенность измеряется до и после проекта Кайдзен.

- **Отказы.** Это уровень отходов и количество отбракованных изделий (изделия с конструктивными недостатками, устаревшие или поврежденные на этапе проектирования).

- **Себестоимость.** Здесь анализируется себестоимость продукта.

Наконец, реализуется оперативный план проекта Кайдзен. Учитывая короткий промежуток времени между началом и окончанием Кайдзен – поскольку он должен быть завершен относительно быстро – эта деятельность может быть сведена к минимуму (в одном или нескольких отделах или производственных линиях). Это можно сравнить с гибкими методами разработки и управления проектами, которые состоят из последовательности очень коротких циклов, следующих друг за другом через короткие промежутки времени, и которые позволяют быстро взглянуть на промежуточные результаты. Следовательно, некоторые этапы проекта, такие как детальное составление плана кайдзен, могут считаться ненужными и отнимающими слишком много времени.

ЭТАП 2: ВЫБОР РАБОЧИХ КОМАНД И КРУЖКОВ КАЧЕСТВА

Второй этап проекта Кайдзен направлен на обучение и подготовку команд, которые будут работать над проектом. Хотя все сотрудники должны быть хотя бы в некоторой степени вовлечены в процесс улучшения, назначение проектной группы, ответственной за беспрепятственный ход проекта, имеет большое значение.

Философия кайдзен предполагает, что в проекте будут участвовать сотрудники, непосредственно работающие на производственной линии и с продуктом, поскольку они являются наиболее вовлеченными членами и зачастую лучше других знают все тонкости своей работы. Поскольку именно эти люди лучше всего умеют находить идеи для улучшения, они будут эффективно достигать целей кайдзен, а именно быстро находить пути совершенствования процесса с целью получения как можно меньших затрат. Кто-то может предпочесть использовать команды внешних консультантов и инженеров для повышения эффективности, но это совсем не соответствует менталитету кайдзен.

В связи с этим назначается проектная группа, которая обучается управлению персоналом и управлению изменениями. Эта команда будет отвечать за успешное осуществление проекта Кайдзен путем организации кружков качества, то есть групп сотрудников, которые собираются для мозгового штурма, чтобы выдвинуть и обсудить идеи по улучшению процедур. В этой связи можно использовать карту ума, чтобы представить свои мысли и предлагаемые решения в наглядной и простой форме.

ЭТАП 3: РЕАЛИЗАЦИЯ И ПОДСЧЕТ РЕЗУЛЬТАТОВ

Третий этап – реализация проекта Кайдзен. Команды непосредственно применяют изменения, необходимые для улучшения процедур. Как и первые два, этот этап проходит очень быстро, так как изменения часто бывают небольшими.

Затем следует повторная оценка мер, собранных ранее (на первом этапе). Важно измерить развитие и влияние изменений и, возможно, адаптировать их. Можно создать график изменений, чтобы легко сравнить результаты внедренных изменений с тем, что было запланировано изначально.

ЭТАП 4: ОБРАТНАЯ СВЯЗЬ

После внесения улучшений наступает время обратной связи. Команда собирается снова и оценивает общий итог на основе наблюдаемых результатов. Следует также обратить внимание на два важных момента:

- **Награда для лучшего сотрудника.** Важно отметить и поздравить сотрудников, которые внесли наилучший вклад. Идея заключается в том, чтобы мотивировать команды вернуться в цикл Кайдзен, поощряя их постоянно превосходить самих себя, как для того, чтобы улучшить свою работу, так и для того, чтобы почувствовать свою значимость на профессиональном уровне.

- **Управление изменениями.** Команда, ответственная за успех проекта, должна общаться и направлять сотрудников так, чтобы у них были все элементы для успешного внедрения.

 Управление изменениями

Управление изменениями охватывает все управленческие практики, которые позволяют отслеживать и оптимально доносить изменения внутри компании на всех уровнях иерархии. Эта поддержка необходима для того, чтобы все могли принять новые изменения. Следует помнить, что в случае Кайдзен команды сами участвуют в улучшениях, поэтому они легче примут изменения.

ОСНОВНЫЕ ИНСТРУМЕНТЫ И МЕТОДЫ В КАЙДЗЕН

Существует множество инструментов и методов, которые могут быть использованы с подходом Кайдзен. Здесь мы ограничимся только теми, которые взяты из Производственной системы Toyota в целом.

- **SMED** (Single Minute Exchange of Die) — это инструмент для анализа изменений в калибровке или инструментах. Он позволяет пользователям изучить время, необходимое для замены инструментов на каждом этапе производства, и ограничить его максимум 10 минутами (термин "одна минута" означает "период времени в минутах, состоящий из одной цифры", т.е. от одной до девяти минут). Целью является производство различных продуктов или материалов — с различными характеристиками, особенно с точки зрения размера – при продолжении использования одного и того же станка, который, следовательно, должен быть откалиброван.

- **Метод 5 S,** который включает в себя *Seiri* ("сортировать"), *Seiton* ("наводить порядок"), *Seisou* ("сиять"), *Seiketsu* ("стандартизировать") и *Shitsuke* ("поддерживать"), позволяет пользователям лучше управлять мастерскими, рабочими местами и перерывами сотрудников. Цель – лучше организовать профессиональное пространство для улучшения условий работы коллектива.

- **Канбан** – это японский термин, обозначающий этикетку, прикрепленную к партии деталей на производственной линии, которая возвращается в исходную точку после использования всех деталей. Этот инструмент используется в производственном потоке "выстрел", что означает, что производство либо ждет, либо перезагружается ("выстрел"), как только все ранее отправленные детали будут использованы благодаря Канбан.

- **PDCA (**Plan, Do, Check and Act) – это циклический метод улучшения качества, подобный Kaizen.

- **TQM (Total Quality Management)** – это концепция управления качеством, цель которой – вовлечь всех членов компании в поиск качества, избегая отходов и брака, чтобы достичь нулевого уровня дефектов.

- **TPM (Total Productive Maintenance)** – это проактивный метод управления рабочими инструментами на производственной линии, который поощряет работников предвидеть и решать собственные проблемы с машинами, которые они используют.

- **Производство точно в срок (JIT)** – это метод управления производством, при котором ни одна деталь (необходимая для производства будущего продукта) не хранится заранее. Скорее, каждая деталь прибывает на место проектирования, в нужное место и в нужное время, чтобы ее можно было использовать немедленно. Эта техника, которая особенно хорошо сочетается с методом Канбан, позволяет пользователям сократить запасы, поскольку производство начинается только тогда, когда есть спрос.

- **5 нулей"** – это концепция управления качеством, разработанная компанией Toyota. Она пропагандирует тотальное качество на производственной линии (ноль времени, ноль бумаги, ноль запасов, ноль отказов и ноль дефектов).

РЕКОМЕНДАЦИИ

- Поскольку это непрерывный процесс, рекомендуется не останавливаться после внесения первых изменений, а постоянно подвергать сомнению установленные процедуры.

- Поскольку все сотрудники должны участвовать в проектах непрерывного совершенствования, руководство должно обеспечить их мотивацию. Это зависит, в частности, от культуры компании, поэтому за сотрудниками должен осуществляться тщательный контроль, как со стороны линейных руководителей, так и со стороны отдела кадров.

- Поскольку менеджеры и проектные команды должны обеспечить участие и мотивацию каждого, они должны быть обучены кайдзен, управлению командой, ведению групповых дискуссий и проведению кружков качества.

- Поскольку важно поставить четкие и достижимые цели, крайне важно тщательно измерить их до и после изменений.

- Поскольку целью является достижение максимальных результатов, возможно, стоит привлечь работников с разными навыками, чтобы каждый обогатил обсуждение, поделившись своим опытом.

ТЕМАТИЧЕСКОЕ ИССЛЕДОВАНИЕ: ТОКИЙСКОЕ НАСЛАЖДЕНИЕ

Наше исследование посвящено японскому ресторану, расположенному в центре города, The Tokyo Delight. Это небольшой семейный бизнес с мирной японской атмосферой, предлагающий блюда на дом или на вынос. Ресторан работает уже несколько лет и не испытывает серьезных финансовых проблем, но в нем периодически возникают трудности, особенно на кухне. Некоторые помощники не вполне удовлетворены своей работой и жалуются, в частности, на плохую атмосферу в ресторане. Никаких шагов по решению этой проблемы пока не предпринимается, поскольку менеджеры считают, что все рестораны страдают от подобных проблем. Сын управляющего, который через несколько лет намерен взять ресторан в свои руки, хочет как можно быстрее решить эти проблемы и улучшить работу заведения.

Кайдзен идеально подходит для этой ситуации, поскольку он предполагает исправление некоторых небольших существующих проблем в рамках семейного бизнеса, который в целом работает хорошо.

Этап 1: Предварительный анализ "Токийского восторга

Мы начнем с рассмотрения проблем, с которыми сталкивается предприятие. Благодаря диаграмме Исикавы менеджеры могут определить причины и разделить их на категории.

После выявления основных проблем можно приступать к реализации проекта "Кайдзен". Менеджеры надеются решить как можно больше проблем с целью повышения удовлетворенности сотрудников, что влияет на удовлетворенность клиентов. Например, нехватка места (выявленная при составлении диаграммы Исикавы) вызывает перегруженность кухни, что, в свою очередь, приводит к увеличению времени ожидания клиентов. Команда официантов вынуждена играть на время во время ожидания клиентов, что регулярно усиливает общее напряжение.

Второй шаг – это количественное и качественное измерение существующих проблем, чтобы потом сравнить данные. Здесь охвачено не все, так как, например, проблема засорения раковин не поддается измерению.

Наконец, составляется оперативный план проекта Кайдзен. В данном случае он ограничивается одной неделей:

- **День 1:** Предварительный анализ, расчет предложения меню и времени приготовления, опрос клиентов и сотрудников на предмет удовлетворенности.

- **День 2:** Создание кружка качества, мозговой штурм для определения основных идей для улучшения.

- **День 3:** Внедрение улучшений и подсчет предварительных результатов.

- **День 4:** Внедрение улучшений и подсчет результатов.

- **День 5:** Окончание внедрения улучшений и подсчет итоговых результатов. Подведение итогов, награждение лучшего сотрудника и обратная связь.

Этап 2: Выбор рабочих команд и кружков качества

На втором этапе выбираются рабочие команды. Обычно в ресторане работают только два менеджера, которые часто заняты на кухне, два помощника на кухне и два официанта в обеденном зале. Тем временем сын менеджера занимается кассой, заказами и выносом блюд. Поскольку в процесс вовлечены все, они объединяются в единый круг качества. Амбициозный молодой человек, инициировав проект, обучается технике кайдзен, чтобы проект продвигался успешно.

После интенсивного мозгового штурма команде, наконец, удается выработать комплекс мер по улучшению ситуации. К сожалению, не все проблемы решены; однако они просто отложены до следующего проекта Кайдзен. Ниже приведен список предложенных решений, отсортированных по категориям диаграммы Исикавы.

Этап 3: Реализация и подсчет результатов

Третий этап является основной частью проекта. После определения улучшений остается только применить их. Поскольку речь идет о небольших постепенных изменениях, а не о крупных инновациях, трех дней на внедрение будет более чем достаточно.

Затем наступает время подсчета результатов. Сбор данных может занять несколько дней. Чтобы упростить этот процесс, в данном разделе представлено краткое изложение полученных результатов.

Этап 4: Подведение итогов и обратная связь

Наконец, The Tokyo Delight может приступить к четвертому и последнему этапу проекта Kaizen: этапу подведения итогов. Результаты показывают, что удовлетворенность сотрудников выросла на 30%. Это одна из основных целей подхода Кайдзен. Владельцам ресторана пришлось отложить некоторые области для улучшения, но они будут рассмотрены позже в рамках другого проекта. Есть надежда, что вскоре этот ресторан начнет новый цикл улучшений, чтобы постоянно совершенствовать свои услуги.

Обратите внимание, однако, что в данном примере, поскольку цикл изменений и масштабы улучшений были относительно небольшими, не было необходимости предоставлять работникам руководство и поддержку. Однако все равно важно поздравить каждого из них и поблагодарить команду за участие. Как уже говорилось ранее, полученная мотивация необходима для успеха будущих циклов кайдзен.

Заключение

Как мы видели, кайдзен можно применить к очень простому примеру, подобному тому, который мы выбрали. Хотя этот метод может быть использован в большинстве предприятий, мы должны помнить, что культура компании вносит большой вклад в успех проекта Кайдзен.

Хотя возникшие проблемы носили довольно общий характер и могли быть сведены к одной общей проблеме удовлетворенности сотрудников, диаграмма Исикавы позволила выявить различные элементы проблемы. Выделив причины и, прежде всего, четко представив их, этот шаг обеспечил прочную основу для работы. К этому следует добавить необходимость отслеживать этапы на протяжении всего проекта, чтобы он шел гладко. Если после первого проекта кайдзен несколько моментов, требующих улучшения, так и не были решены, то во время последующего кайдзен можно будет предложить соответствующие решения. Например, в случае с нехваткой кухонного пространства в The Tokyo Delight, хорошей идеей может стать перестановка всех мест, чтобы сотрудники не мешали друг другу. Главное — помнить, что улучшение должно быть непрерывным.

ОГРАНИЧЕНИЯ И РАСШИРЕНИЯ

ОГРАНИЧЕНИЯ И КРИТИКА

Хотя кайдзен имеет неоспоримые преимущества, он стал предметом критики. Основная критика этого подхода, поощряющего усовершенствования, а не инновации, заключается в том, что он не решает всех проблем: постоянное совершенствование продукта путем принятия за отправную точку того, что уже было сделано и изменено, не позволяет все исправить. Иногда необходимо начать с нуля и перепроектировать весь процесс, чтобы работать на прочной основе.

Другие критические замечания в адрес этого подхода включают следующее:

- Хотя кайдзен позволяет проводить плавные улучшения, важно остерегаться слишком плавных изменений. Если компания отстает от своих конкурентов в плане предлагаемых ею продуктов и услуг, небольших постоянных улучшений будет недостаточно для быстрого отвоевания доли рынка. Например, если конкурент выпускает новый революционный вид продукции, то, скорее всего, будет трудно применить кайдзен к продукции, которая в действительности устарела, чтобы сделать ее снова конкурентоспособной.

- Этот подход требует сильной мотивации и, следовательно, полного участия всех вовлеченных лиц. В Японии в этом отношении гораздо более развита концепция культуры компании, а отношения между сотрудниками и руководством строгие и формальные. Вовлечение сотрудников происходит спонтанно, поэтому эта концепция там успешна. На Западе этот принцип не всегда применим. Если он используется, то для обеспечения успеха проекта кайдзен может потребоваться программа вознаграждений и поощрений.

- Наконец, кайдзен может быть оспорен с этической точки зрения, если он применяется несправедливо. Внедрение кайдзен на предприятии может, благодаря совершенствованию производственной цепочки, повышению производительности и конкурентоспособности, привести к внутренней реорганизации (увольнению сотрудников и т.д.). Это несправедливое распределение выгод от кайдзен. По логике вещей, если компания становится более процветающей, она должна обеспечивать лучшие гарантии занятости. Однако на практике часто происходит обратное: должности, ставшие бесполезными, ликвидируются, что приводит к увольнению работников или их перераспределению на новые должности, более соответствующие их квалификации.

СВЯЗАННЫЕ МОДЕЛИ И РАСШИРЕНИЯ

Кайдзен часто сравнивают с двумя японскими моделями: Kaikaku – инструмент радикальных изменений, основанный на инновациях, и Hoshin – инструмент быстрого внедрения, основанный на Kaizen. В более широком смысле кайдзен можно обсуждать наряду с тейлоризмом и фордизмом, двумя типами организации труда.

Концепция Кайкаку

Метод Kaikaku, который, как и Kaizen, зародился в Японии, также используется для улучшения качества. Его название, обычно переводимое как "радикальное изменение" процесса (часто в производстве для повышения эффективности), отражает уже не стремление к постоянному совершенствованию, а к глубоким инновациям. Несмотря на сходство двух философий (в том смысле, что обе основаны на совершенствовании), Kaikaku не является непрерывным методом, поскольку изменения вносятся и завершаются в рамках конкретного проекта и с определенной целью.

Подход Hoshin

Означающий "управление направлением", процесс хосин относительно похож на кайдзен, с той лишь разницей, что он ограничен во времени. Хосин, также называемый блиц-кайдзен ("молниеносный кайдзен"), основан на очень конкретных стратегических изменениях, которые осуществляются очень быстро. В большинстве случаев цель состоит в том, чтобы в ограниченные сроки отреагировать на значительную конкуренцию. Эта система отличается от кайдзен, в частности, в плане принятия решений, которые теперь принимаются не в группах уполномоченных сотрудников, а на уровне руководства.

Тейлоризм

Тейлоризм – это научная организация труда родом из США, в которой методы и движения работников изучаются и точно измеряются с целью их оптимизации. Впервые разработанная Фредериком Уинслоу Тейлором в конце [19] века, задолго до появления концепции кайдзен, эта система направлена на увеличение прибыли за счет оптимизации производительности и улучшения условий труда работников. На практике это означает, что каждый работник выполняет простые, стандартизированные и повторяющиеся задачи.

Фордизм

Эта система организации труда, получившая свое название от имени американского промышленника Генри Форда (1843-1947), основана на постулатах тейлоризма и применялась на заводе Форда с момента его открытия в 1905 году. Практически заброшенная в наши дни, в то время она была направлена на массовое производство стандартизированной продукции (такой как знаменитый Ford Model T), что привело к построчной работе и, следовательно, к повышению производительности труда. Условия труда для сотрудников Ford всегда были тяжелыми и трудно улучшаемыми; только заработная плата могла служить источником мотивации.

РЕЗЮМЕ

- Кайдзен – процесс непрерывного совершенствования, введенный Тайити Оно, японским инженером, который считается отцом производственной системы Toyota. Эта философия пропагандирует управление качеством, сокращение отходов и совершенствование производства.

- Метод Кайдзен может быть применен к большинству компаний и позволяет быстро добиться минимальных улучшений за относительно короткий период времени и при ограниченном бюджете.

- Одним из важнейших условий успешного проекта Кайдзен является мотивация и участие всех работников в проекте. Сотрудники, которые непосредственно вовлечены в процесс, должны быть главными участниками проекта Кайдзен и поиска соответствующих решений.

- Применение этого процесса в бизнесе охватывает следующие области:

  ○ повышение качества;

  ○ устранение отходов;

  ○ снижение производственных и эксплуатационных расходов;

  ○ увеличение производства;

  ○ улучшение условий труда.

- Кайдзен позволяет пользователям внедрять ограниченные и плавные изменения, что снижает давление, испытываемое работниками. К другим преимуществам относится скорость применения улучшений и получения результатов. Кайдзен также помогает поддерживать мотивацию команды и избежать как можно большего количества рисков (финансовых и технических), поскольку автоматически исключаются длительные и порой неопределенные инновации. Наконец, успешный проект кайдзен в большей степени зависит от активного участия и позитивного мышления сотрудников, чем от финансовых вложений.

- Критики этого подхода подчеркивают отсутствие инноваций в изменениях, необходимость сильной культуры компании и иногда несправедливое распределение выгоды от Кайдзен (социальный аспект).

- Kaikaku, что означает "радикальное изменение", – это концепция, противоположная Kaizen. Она фокусируется на глубоких инновациях, а не на небольших улучшениях.

- Наконец, кайдзен – это подход, для работы которого необходимы другие инструменты. Эти инструменты, часто заимствованные из производственной системы Toyota, действуют на уровне управления качеством, логистики "точно в срок", реорганизации рабочих мест или технического обслуживания машин.

ДАЛЬНЕЙШЕЕ ЧТЕНИЕ

БИБЛИОГРАФИЯ

Agence Nationale pour la Promotion de l'Innovation et de la Recherche au Luxembourg (2008) *Diagramme d'Ishikawa = diagramme cause-effet*. [Online]. [Accessed 15 February 2017]. Available from: < http://www.innovation.public.lu/fr/innover/gestion-innovation/resolution-probleme/diagrammeishikawa-fr.pdf>.

Chaoui, K. (2004) *Le concept-clé du zéro défaut en qualité*. Аннаба: Университет Баджи Мохтара.

Charraud, P. (2009) *Le Kaizen du service pièces en concession*. Париж: Télécom ParisTech.

Грейнджер, Р. (2016) Les 5S: Seiri, Seiton, Seiso, Seiketsu, Shitsuke. *Manager GO!* [Online]. [Accessed 25 May 2015]. Available from: < http://www.manager-go.com/management-de-la-qualite/methode-5s.htm>.

HenryFord.fr (Без даты) *Toyotisme. [Online].* [Accessed 25 May 2015]. Available from: < http://www.henryford.fr/fordisme/toyotisme/>.

Hohmann, C. (Без даты) Kaizen amélioration continue. *Christian Hohmann.* [Online]. [Accessed 25 May 2015]. Available from: < http://christian.hohmann.free.fr/index.php/lean-entreprise/lean-management/289-kaizen-amelioration-continue>.

Hohmann, C. (Без даты) La méthode SMED. *Christian Hohmann.* [Online]. [Accessed 25 May 2015]. Available from: < http://chohmann.free.fr/lean/smed_fr.htm>.

Исикава, К. (1984) *La gestion de la qualité.* Paris: Dunod.

Камата, С. (2008) *Toyota, l'usine du désespoir.* Париж: Демополис.

Ликер, Ж. (2012) *Le modèle Toyota.* Париж: Pearson Education.

Охно, Т. (1990) *L'esprit Toyota.* Париж: Массон.

Охно, Т. и Мито, С. (1992) *Présent et avenir du Toyotisme.* Париж: Массон.

Портер, Л. Дж. и Паркер, А. Дж. (2006) *Тотальное управление качеством. Критические факторы успеха.* Брэдфорд: Центр менеджмента Брэдфордского университета.

Processus Qualité (Без даты) *L'approche Kaizen.* [Online]. [Accessed 25 May 2015]. Available from: < https://processusqualite.wordpress.com/lapproche-kaizen/>.

Régol, O. and Bélanger, R. P. (2003) *Le Kaizen : ses principes et ses conséquences pour les ouvriers et syndicats.* Монреаль: Les cahiers du CRISES.

ВИДЕО

Lean = Kaizen + уважение. (2012) [Видео]. Майкл Балле. Институт бережливого производства Франции. Доступно по адресу: < https://www.youtube.com/watch?v=OfswK6ebrt8>.

Бережливые услуги: истоки и преимущества. (2013) [Видео]. Мари-Пиа Игнас. Institut Lean France. Доступно по адресу: < https://www.youtube.com/watch?v=aRQI9JAI-I4>.

IMPROVE YOUR
GENERAL KNOWLEDGE
IN THE BLINK OF AN EYE!

Мастер ISBN: 9782808601542

Бумажный ISBN: 9782808602990

Легальный депозит: D/2022/12603/300

Цифровое оформление: Primento,
цифровой партнер издателей.